Petra Liermann

Mit dem Labyrinth von Chartres auf dem Weg zu dir selbst

Eine spirituelle Reise

Bibliografische Information der Deutschen Nationalbibliothek

Die Deutsche Nationalbibliothek verzeichnet diese Publikation in der Deutschen Nationalbibliografie; detaillierte bibliografische Daten sind im Internet über http://dnb.dnb.de abrufbar.

ISBN Softcover: 978-3735725721

Alle Rechte liegen bei der Autorin Petra Liermann, Witten
Copyright © 2018 Petra Liermann

Cover:
Foto Umschlag: C.garciadelucas über commons.wikimedia.org
Herstellung und Verlag: BoD - Books on Demand, Norderstedt

Das Werk, einschließlich seiner Teile, ist urheberrechtlich geschützt. Jede Verwertung außerhalb der engen Grenzen des Urheberrechtsgesetzes ist ohne Zustimmung des Verlages und des Autors unzulässig. Dies gilt insbesondere für die elektronische oder sonstige Vervielfältigung, Übersetzung, Verbreitung und öffentliche Zugänglichmachung.

Printed in Germany

Inhaltsverzeichnis

Vorwort	5
Das Labyrinth	8
Das Vater unser	16
Das Labyrinth	21
Das erste Blatt	24
Das zweite Blatt	38
Das dritte Blatt	46
Das vierte Blatt	53
Das fünfte Blatt	64
Das sechste Blatt	70
Die Mitte	86

Vorwort

Zum besseren Verständnis

Lange Jahre habe ich versucht, mein Leben in den Griff zu bekommen, glücklich zu sein und endlich so zu leben, wie ich es mir immer gewünscht hatte. Doch alles kam, wie meistens im Leben, ganz anders. Wenn ich als Kind gedacht hatte, dass Erwachsene ein tolles und erfülltes Leben führen, musste ich nun erkennen, dass meine Kindheit wirklich glücklich gewesen war im Vergleich zu der Situation, in der ich mich befand. Meine Verhaltensweisen und Prägungen hatten mich an einen Punkt gebracht, an dem ich mich in Lebensgefahr befand und nicht mehr anders konnte, als mich zu ändern.
Auf dem Weg, der Jahre dauerte und nicht immer sehr angenehm, dafür aber umso erfolgreicher war, begleiteten mich verschiedene Menschen und Gedanken. Ich lernte von einer Lebensberatung die Prinzipien des positiven Denkens und der spirituellen Arbeit und auch im Ansatz die Methode, die ich später im Buch „Vater unser – Deine Schatzkarte zu Gott" von

Kathleen McGowan bestätigt fand. Diese verband ich mit dem, was ich in meiner Ausbildung zum Reiki-Meister lernte sowie mit einer Reihe persönlicher und beruflicher Erfahrungen. Zusammen mit anderen energetischen Ausbildungen und Einweihungen ergab sich dann ein Gesamtbild, das ich fortan bei meinen Klienten erfolgreich im Rahmen eines Coachings einsetzte. Nun braucht jedes Kind einen Namen und so entstand die Chartres-Methode.

Ich selbst glaube an Gott, habe jedoch meine sehr eigene Vorstellung von ihm, die sich nicht immer mit der der christlichen Kirche deckt. Für mich ist Gott gleichbedeutend mit der allumfassenden Liebe, dem gesamten Universum und allen positiven Energien. Ich bin überzeugt, dass fast alle Bezeichnungen dasselbe meinen. Allah, Gott, allumfassende Liebe, Universum, Jahwe usw. sind Namen aus verschiedenen Glaubensrichtungen, die sich unterscheiden und doch den einen Ursprung haben. Die Chartres-Methode richtet sich somit nicht nur an Christen. Wenn ich im weiteren Verlauf des Buches lediglich die Bezeichnung Gott verwende, so tue ich dies der Einfachheit halber. Jeder, der hier einen anderen Begriff verwenden möchte, kann dies gerne tun. Der Inhalt lässt sich auf (fast) jeden übertragen, der an ein höheres Wesen oder eine höhere Energie glaubt. Ebenso verhält es sich mit Jesus, der kein Christ war. Er glaubte an einen Gott, der unter anderem väterliche Aspekte hat, und seine allumfassende Liebe und lehrte das „Vater unser", eine weitere Grundlage dieser Methode. Ob wir Jesus nun als historische Figur, Sohn Gottes oder Propheten sehen, spielt in diesem Buch keine Rolle, wohl jedoch seine Aussagen und Lebensweise, die von bedingungsloser Liebe geprägt war.

Die Anwendung der Chartres-Methode erfordert also zu Beginn das Loslassen alter Vorstellungen vom Glauben und die unvoreingenommene Herangehensweise an dieses so wichtige Gebet. Wenn wir dies schaffen, steht uns eine perfekte Anleitung zu einem glücklichen und erfüllten Leben zur Verfügung.

Das Labyrinth

Bildnis unseres Lebens

„Im Labyrinth verliert man sich nicht.
Im Labyrinth findet man sich.
Im Labyrinth begegnet man nicht dem Minotaurus.
Im Labyrinth begegnet man sich selbst"
(Hermann Kern, Labyrinthe)

Es gibt kaum ein Spiel, das so verbreitet ist wie das Auffinden des „richtigen" Wegs in einem Labyrinth. In jeder Kultur ist es bekannt und in den unterschiedlichsten Größen und Ausführungen erhältlich. Die größten davon sind sicherlich die Irrgärten, die in Schlössern als Unterhaltung für Adelige gepflanzt wurden. Ihre Bedeutung ergibt sich alleine in der Belustigung einiger weniger Menschen und der Gestaltung von Parkanlagen.

Quelle: Wolfgang Sauber über commons.wikimedia.org

Andere Labyrinthe sind Jahrtausende alt und sagenumwoben. So finden wir auf Kreta das berühmte, weltweit unzählige Male nachgebaute Labyrinth, in dem König Minos den aus dem Ehebruch seiner Frau hervorgegangenen Sohn Minotaurus, der halb Mensch, halb Stier war, einsperrte.

Daedalos, der Architekt des Königs, erbaute das Labyrinth als Gefängnis für den menschenfressenden Minotaurus, dem jedes Jahr sieben Männer und sieben Frauen geopfert werden mussten. Erst Theseus konnte mithilfe des berühmten Ariadnefadens zum Minotaurus vordringen, ihn töten und dem Blutvergießen ein Ende bereiten.

Seine Bewältigung der scheinbar unlösbaren Aufgabe brachte nicht nur Licht in sein Leben, sondern erlöste einen ganzen Staat von Angst und Furcht. Der Tod des gefürchteten Minotaurus bedeutete Leben für viele Männer und Frauen.

Ein weiteres, spektakuläres Labyrinth befand sich in Ägypten neben beziehungsweise unter den Pyramiden von Gizeh. Unglaubliche 365 Jahre bauten die Ägypter an einem Gebäude, das mehr als 25 Kilometer im Durchmesser maß. Bewegliche Wände, geheime Räume mit unschätzbar wertvollen Aufzeichnungen, Schätze und das komplette Wissen der Menschheit sollen hier aufbewahrt worden sein. Ungefähr 3000

Räume enthielten alle Kostbarkeiten, die vorstellbar sind. Noch unvorstellbarer wird diese Anlage, wenn man bedenkt, dass sie größtenteils unterirdisch lag. Das Labyrinth von Hawara, so der Name, ist bisher nicht gefunden worden. Jedoch haben Archäologen und Historiker Belege für seine Existenz in alten Schriften gefunden. Sie berichten über unüberwindbare Hindernisse beim Betreten des Labyrinths und strengste Bewachungs- und Sicherheitsmaßnahmen. Denn wer den Weg in das Innerste der Räume fand, hatte Zugang zu dem gesamten Wissen der Menschheit, konnte damit die Welt nach seinen Vorstellungen ändern und besaß alle denkbaren materiellen Schätze.

Und ein weiteres Labyrinth, das uns in diesem Buch vor allen Dingen beschäftigen wird, ist von sagenumwobener Herkunft: das Labyrinth von Chartres. Die Anfang des 13. Jahrhunderts geweihte Kathedrale von Chartres ist voll mit Reliquien besonderer Bedeutung, Symbolen und Kunstwerken und für Pilger, Sinnsuchende und Historiker von dauerhaftem Interesse. Viele Rätsel und Geschichten ranken sich um ihre Erbauung und bis heute sind genügend

Mysterien ungeklärt, um Interessierte zu Spekulationen zu verleiten. Dabei handelt es sich nicht nur um Katholiken oder Christen. Besonders Anhänger der Tempelritter und Verfechter der Theorie, dass Maria Magdalena als Jesu Ehefrau ein von diesem geschriebenes Testament, dem Buch der Liebe, auf ihrer Flucht mit ihren Kindern aus Israel mitgenommen haben soll, finden hier Bestätigungen ihrer Theorien. Esoteriker finden hier Energien und Symbole, die sie Gott oder der universellen Liebe näherbringen. Ein einzelner Besuch der Kathedrale reicht kaum aus, auch nur einen geringen Prozentsatz der versteckten Symbolik zu erkennen. So ist vieles, wie für den Orden der Tempelritter üblich, der anscheinend eng mit der Kathedrale in Verbindung steht, in kleinen Details versteckt. Namhafte Künstler, die auch in der Kathedrale in Chartres ihre Kunstwerke verewigt haben, sollen versteckte Hinweise auf ihren Glauben dort untergebracht haben. So werden Kirchen normalerweise in Richtung West-Ost angelegt, diese Kathedrale jedoch in südwestlicher-nordöstlicher.

Die Zahlenverhältnisse des Gebäudes werfen bis

heute Rätsel auf, wobei feststeht, dass sie bewusst so gewählt worden sind. Der Boden ab dem Westportal steigt leicht an, wofür es jedoch keinen offensichtlichen Grund gibt. Am Tag der Sommersonnenwende, der für die katholische Kirche ein ketzerisches Fest war, fällt bei Sonnenhöchststand ein Lichtstrahl auf einen im Boden eingelassenen Messingknopf, dessen Bedeutung bis heute ein Rätsel ist. Und zu guter Letzt wirft das großen Labyrinth im Boden, das ursprünglich eine Bildnis von Theseus und dem Minotaurus oder auch Jesus und dem Teufel zeigte, Fragen auf.

Feststeht, dass man beim Eintritt in die Kathedrale auf dem Weg nach vorne das Labyrinth durchschreiten muss. Vom Westen, dem Ort der Dunkelheit, führt der Weg nach Osten, wo die Sonne aufgeht, durch das Labyrinth, dem Symbol des Lebenslaufs, in dessen Mitte die Rose, das Zeichen der Liebe, eingebettet ist. Und auch das Labyrinth steckt voller Symbolik. Denn der Eingang zu den Gängen liegt auf der linken Seite, die der Welt der Schatten zugeordnet wird. Betritt man das Labyrinth, steht man schon nach einer Wende schnell direkt vor der Mitte, dem Ziel, und wird dann wieder davon weggeleitet. Dies geschieht auf dem Weg immer wieder, bis man endlich in die Mitte gelangt, deren sechs Blätter der Rose noch einmal für sich einen Weg darstellen.

Es wurden ganze Abhandlungen und Bücher über die Symbolik des Chartres-Labyrinths geschrieben. Sicher ist, dass es eine perfekte Darstellung unseres Lebens bietet. So wie alle beschriebenen Labyrinthe einen Teil unseres Lebens symbolisieren. Das Labyrinth des Minotaurus zeigt uns, dass der Weg zu unseren tiefsten Ängsten, unser Mut, sich unseren innersten Befürchtungen zu stellen und das scheinbar nicht zu bewältigende Problem aus dem Weg zu räumen, mithilfe des Ariadnefadens, der für die Liebe steht, immer zum Erfolg führt. Hawara hingegen zielt scheinbar mehr auf materielle Güter und Wissen ab und zeigt uns, dass der Weg zu Reichtum und Wissen beschwerlich ist, jedoch in unserem Inneren die Antworten auf alle Fragen und der größte Schatz liegen. Je weiter wir nach innen gehen, desto umfassender werden Antworten und Möglichkeiten, die sich uns bieten. Und abschließend Chartres, wo das Labyrinth uns zeigt, dass wir in unserem Leben nach der allumfassenden Liebe streben und auf dem Weg dorthin manchmal näher, manchmal weiter entfernt davon sind und immer wieder die Richtung ändern müssen, um den richtigen Weg zu finden. Wann immer wir glauben, unser Ziel erreicht zu haben, werden wir wieder davon weggeführt, und auch nach dem Erreichen der Mitte ist der Weg noch nicht zu Ende.

Labyrinthe symbolisieren wie kaum ein anderes Gebilde oder Zeichen unser Leben und dabei entspricht ein Labyrinth nie einem anderen. Denn Wegführung, Form und Mitte drücken immer etwas anderes aus. Wer das Labyrinth von Chartres betritt und den Pfad zur Mitte von mehr als 250 Metern zurücklegt, wird einen meditativen Weg begehen, der viele Erkenntnisse mit sich bringt.

Das Vater unser

Anleitung zu einem vollkommenen Leben

„Vater unser, der du bist im Himmel
Geheiligt werde dein Name,
Dein Reich komme,
Dein Wille geschehe,
Wie im Himmel, so auf Erden.
Unser tägliches Brot gib uns heute,
Und vergib uns unsere Schuld,
Wie auch wir vergeben unseren Schuldigen.
Und führe uns nicht in Versuchung,
sondern erlöse uns von dem Bösen."

So christlich dieses Gebet klingen mag und in unseren Köpfen auch ist, so allgemeingültig ist es. Zwar ist der Urheber dieses Gebets für Christen der Sohn Gottes, für Moslems jedoch ein Prophet und für Juden unbestreitbar ebenfalls. Und da es keinerlei Aussage über die Position von Jesus trifft, handelt es sich um eine

Auflistung von Bitten (Ge-bet), die für jeden Menschen Gültigkeit haben. Ob wir diese nun an Gott, ein höheres Wesen, den Allmächtigen oder das Universum richten, bleibt völlig unerheblich. Lediglich Atheisten, die an keinerlei höhere Macht glauben, dürften das „Vater unser" als nutzlos betrachten.

Kathleen McGowan bezeichnet in ihrem Buch „Das Vater unser" dieses Gebet als „Eine Schatzkarte zur Quelle der Wunder", der Liebe. Und um diese zu nutzen, ist es erforderlich, eventuelle Vorbehalte gegenüber der christlichen Kirche deutlich vom „Vater unser" zu trennen.
Das „Vater unser" kann in sechs Bitten und Aussagen unterteilt werden. Hier zeigt sich das erste Mal ein Zusammenhang zur sechsblättrigen Rose von Chartres: Der Weg zu einem erfüllten, vollkommenen Leben, der allumfassenden Liebe, führt über sechs Meilensteine:
Im ersten Blatt finden wir unseren Glauben wieder, womit nicht der christliche Glaube ausschließlich gemeint ist oder der Glaube an Gott, sondern auch unsere eigenen

Glaubenssätze.

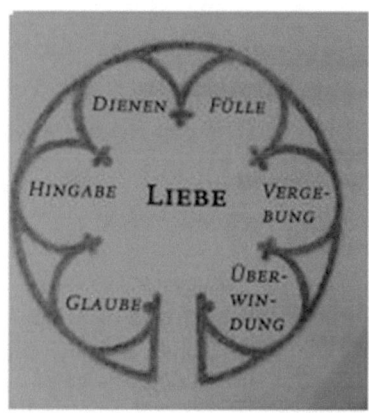

Quelle: Kathleen McGowan „Vater unser"

„Vater unser, der du bist im Himmel, geheiligt werde dein Name" ist ein Teil, der, um überzeugt ausgesprochen zu werden, die Grundlage unseres Lebens neu definiert.

„Dein Reich komme, dein Wille geschehe" erscheint auf den ersten Blick unterwürfig und ergeben, ist jedoch ein klares Zeichen für die Hingabe an unser Lebensziel und im zweiten Blütenblatt verankert.

Und auch das dritte Blatt, das den Oberbegriff „Dienen" trägt, mag dem einen oder anderen auf den ersten Blick wenig erstrebenswert erscheinen. „Wie im Himmel so auf Erden" klingt nach dem Paradies, bringt uns jedoch in die Verantwortung, aus der *Ohn*-Macht in die Macht über unser eigenes Leben zu gehen und dem Ziel der Liebe zu dienen.

Dagegen erscheint die Bitte um Fülle „Unser tägliches Brot gib uns heute" für jeden einfach und einleuchtend. Doch da die meisten Menschen in dem Bewusstsein von Mangel aufwachsen, ist der Weg zur Fülle mit Steinen gepflastert. Ihn zu gehen, erfordert viel Arbeit an sich selbst.

Dies wird im fünften Blatt noch übertroffen von der für viele unvorstellbaren Feststellung, Menschen, die verletzend waren, vergeben zu wollen. „Und vergib uns unsere Schuld, wie auch wir vergeben unseren Schuldigern" ist nicht nur eine Bitte um Vergebung, sondern auch die ausdrückliche Erklärung, anderen vergeben zu wollen.

Gesteigert wird dies dann noch durch das letzte Blatt der sechsblättrigen Rose, in dem es mit „Und führe uns nicht in Versuchung, sondern erlöse uns von dem Bösen" darum geht, die Negativität im Leben zu überwinden, die sieben Todsünden auszumerzen und durch das Ausstrahlen positiver Energien auch solche in das Leben zu ziehen.

Abschließend ist dann zwar die Mitte erreicht, die nicht nur Liebe gibt, sondern auch dazu auffordert. „Tue alles mit Liebe, dann wird Liebe alles tun", besagt ein Sprichwort und hierin liegt der Kern, die Mitte der Rose. Die einzelnen Blätter der Rose beschreiben ebenso einen Weg wie das „Vater unser".

Das nächste Blatt kann erst angegangen werden, wenn das vorhergehende umgesetzt ist. Dabei werden die Anforderungen immer höher und gehen immer mehr an die innere Substanz des Menschen. Doch es ist ein Weg, der sich lohnt, und keiner in eine Ungewissheit, denn es steht fest, dass er in der Liebe endet.

Das Labyrinth
Unser ganz persönlicher Weg

Das erste Blatt folgt auf den langen Weg durch das Labyrinth, auf dem das bisher Erlebte im Leben mit seinen Höhen und Tiefen, Erfolgen und Misserfolgen sowie Licht- und Schattenseiten ins Gedächtnis gerufen werden soll. Machen wir uns an dieser Stelle einmal bewusst, was unser Leben bisher ausgezeichnet hat, wo wir erfolgreich sind und waren oder aber immer wieder auf Widerstände gestoßen sind und noch immer stoßen.

Bevor wir mit dem ersten Blatt beginnen, sollten wir uns folgende Fragen stellen:

Worauf bin ich in meinem Leben stolz?
Was ist mir gut gelungen?
Wann war ich wirklich glücklich?
Welche Ziele habe ich im Leben erreicht?
Wo waren Wendepunkte in meinem Leben?

Welche Situationen haben mich unglücklich und unzufrieden gemacht?
Welche Schemata wiederholen sich in meinem Leben?
Nun übertragen wir diese „Meilensteine" unseres Lebens auf das Labyrinth von Chartres. Hierbei sind folgende Punkte zu beachten:

- Das Labyrinth besteht aus vier Abschnitten, die jeweils an der Außenseite weit entfernt von der Liebe, der Mitte, sind.
- Die linke Seite steht für die dunkle Seite, die rechte für die des Lichts.
- Das Viertel links unten hat den längsten Weg bis zur Mitte, das Viertel rechts unten den kürzesten.
- Wenn möglich, sollte eine Reihenfolge der Ereignisse in Form von aufsteigenden Zahlen oder Daten festgelegt werden.

Wir können nun unseren Lebensweg ganz klar verfolgen und unseren heutigen Stand einordnen. Sind wir immer weitergegangen und haben wir uns kontinuierlich in die gewünschte

Richtung entwickelt? Befinden wir uns dort, wo wir sein möchten? Und welche Situationen haben uns zurück anstatt vorwärts gehen lassen? Wir können dieses Labyrinth immer wieder benutzen, um unsere Entwicklung zu beobachten und eine neue Richtung einzuschlagen.

Das erste Blatt
Glaube

Nachdem wir nun einen Rückblick auf unser bisheriges Leben vollzogen haben und das Labyrinth, zumindest gedanklich, durchschritten haben, gelangen wir zum ersten Blatt der Rose: Glaube.

Um die weiteren Schritte klären und in Angriff nehmen zu können, sollte zuerst unser Fundament fest und vor allen Dingen uns bewusst sein. Unsere Beziehung zu uns selbst und zu Gott will genau definiert werden, um eine möglichst stabile Grundlage für den weiteren Aufbau zu gewährleisten. Klären wir also zuerst einmal den Adressaten dieses Gebets: den Vater.

Wenn wir davon ausgehen, dass sich alles spiegelt und Vollkommenheit nur in der Vereinigung von zwei Polen existiert, müssen wir davon ausgehen, dass Gott in sich das männliche und das weibliche vereint. Denn Gott ist Vollkommenheit. Wir reden von Mutter Erde, die unser Lebensraum ist, uns mit allem versorgt, was unser Körper zum Leben braucht. Was also ist gemeint, wenn wir dieses Gebet an den Vater richten?

Denken wir einmal an unsere Kindheit zurück, in der Vater und Mutter unterschiedliche Rollen eingenommen haben. Dabei war die Mutter in den meisten Fällen wohl die Person, die uns getröstet und umsorgt hat. Der Vater war bei vielen noch derjenige, der das Geld nach Hause gebracht und für die stimmigen Rahmenbedingungen gesorgt hat. Auch wenn dieses Rollenverhalten inzwischen überholt ist, so gibt es doch männliche und weibliche Attribute. In diesem Teil richten wir unsere Bitte lediglich an den männlichen Part.

Wichtig ist nun für den weiteren Verlauf, welche Erinnerungen, Gefühle und Vorstellungen wir mit einem Vater verbinden. Beantworten wir also zu Beginn erst einmal folgende Fragen (und beachten dabei mein Vorwort im Hinblick darauf, dass die Bezeichnung „Gott" austauschbar ist):

Welche Vorstellung habe ich von Gott?
Welche Aufgaben nimmt der männliche Part Gottes wahr?
Welche Erinnerungen aus meiner Kindheit verbinde ich mit meinem Vater?
Welche Vorstellung habe ich von einem perfekten Vater?

Nun ist es so, dass unsere Erfahrungen aus unserer Kindheit unsere Vorstellung von einem Vater wesentlich prägen. Um Gott gerecht zu werden, sollten wir diese Prägungen als solche erkennen und hinter uns lassen. Denn Gott-Vater ist Liebe und handelt in der bedingungslosen Liebe. Er liebt uns genauso, wie wir sind, hat uns geschaffen, wie wir es brauchen, um unser Lebensziel zu erreichen und die Erfahrungen zu machen, die wir uns vorgenommen haben, und versorgt uns mit allem, was wir hierzu benötigen. Gott-Vater hat es nicht nötig - wie vielleicht unser Vater aus der Kindheit - seine Autorität zu beweisen, seine Macht zu demonstrieren oder uns für Fehlverhalten zu bestrafen. Er ist nicht zornig, wütend oder rachsüchtig. Es ist von immenser Bedeutung, nicht nur mit dem Verstand zu begreifen, dass Gott uns genau so liebt, wie wir sind, dass er nur unser Glück will und uns auf unserem Weg begleitet, wie immer dieser auch aussehen mag. Gott-Vater will unser Glück und wird uns deshalb immer wieder auf den Weg führen, der uns schnellstmöglich dort hinbringt. Aus diesem Grund ist ein Gefühl von Glück immer ein Maßstab für die Richtigkeit unserer Entscheidungen und unseres Weges.

Und schon das zweite Wort des Gebets gibt uns eine weitere Information, die sehr hilfreich, aber auch verpflichtend ist: unser. Ist Gott unser gemeinsamer Vater, bilden wir alle eine Einheit, sind Brüder und Schwestern. Dies bedeutet, dass Gott uns alle im gleichen Maße liebt. Keiner steht über dem anderen, keiner ist wichtiger als der andere. Es bedeutet aber auch, dass wir alle denselben Ursprung haben, alle dasselbe „Gen" in uns tragen und miteinander verbunden sind. Schaden wir einem Teil dieses Verbundes, schaden wir dem Ganzen. Helfen wir einem Teil, unterstützen wir das Ganze.

Hier ist es nun an der Zeit, sich folgende Fragen zu stellen:

Wie nehme ich meine Umwelt wahr? Haben alle Wesen für mich die gleiche Wertigkeit oder mache ich Unterschiede?
Wie fühle ich mich bei dem Gedanken, dass alle Menschen eine Familie sind?
Welche Konsequenz für mein Leben hat es, wenn ich alles als Einheit betrachte?

Auf diesen für uns oft schwer verdaulichen Teil der Anrede folgt: im Himmel. Für uns war bisher selbstverständlich, dass Gott sich im Himmel befindet. Doch warum wird dies ausdrücklich im „Vater-unser" erwähnt? Der Himmel, das Paradies, ist ein „Ort", an dem es nur Liebe, nur Positivität gibt. Es ist der Ort, von dem wir kommen und zu dem wir gehen. Doch um unsere Seele zu vervollkommnen, Erfahrungen zu sammeln und Lektionen zu lernen, mussten wir die Vollkommenheit verlassen und in eine Dualität gehen. Nur die Existenz von Schwarz und Weiß, Ying und Yang, Gut und Böse lässt uns bestimmte Gefühle erleben und Erfahrungen sammeln. In der absoluten Liebe gibt es keine Entscheidung wie auf der Erde. Auch dieser Teil verbindet uns mit unseren Mitmenschen, denn auch sie sind aus der vollkommenen Liebe in dieser Inkarnation, um ihre Lektionen zu lernen. Und so sind wir alle auf dem Weg vom Himmel in den Himmel.

All diese Gedanken führen uns aber auch zu uns selbst. Haben wir bisher das Wesen, Verhalten und die Position Gottes durchleuchtet und haben die Gleichheit aller Menschen erkannt, so müssen wir nun auch unser eigenes Wesen einordnen. Denn die Konsequenz aus allen Schlussfolgerungen ist, dass wir ein bedingungslos geliebtes Wesen sind, das mit anderen bedingungslos geliebten Wesen Erfahrungen teilt beziehungsweise dafür sorgt, dass diese möglich werden. Wir sind also genau so, wie wir sind, perfekt. Der Weg, den wir gehen, ist genau so richtig für uns, wie wir ihn gehen, und jede Erfahrung ist wichtig für uns. Wir werden auf unserem Weg begleitet und „Misserfolge" und Schmerzen sind lediglich ein Zeichen, dass wir in die falsche Richtung gehen, ein Hinweis Gottes, die Richtung zu ändern, um unser Lebensziel zu erreichen. Es gibt uns die Macht über unser Leben wieder und befreit andere von der Verantwortung.

Hierzu sollten wir uns über einige Dinge betreffend unserer eigenen Person klarwerden.

Wie sehe ich mich selbst? Bin ich liebenswert, schön usw.?
Habe ich die Macht über mein eigenes Leben oder gebe ich die Verantwortung an andere ab?
Kann ich anderen ihr Recht auf ihren eigenen Weg lassen und mich auf meinen eigenen konzentrieren?
Habe ich das Vertrauen, dass alles zu meinem Besten geschieht?

Die ständige Reflektion unseres Selbstbildes, die Überprüfung unserer Einstellungen und Motivationen ist ein andauernder Prozess, den wir nie beenden sollten. Wir sollten uns immer daran erinnern, dass wir einzigartig sind. Nur diese eine Person erlebt genau dieses Leben mit genau diesen Erfahrungen und genau diesem Lebensziel. Doch wie finden wir dieses Ziel?

Hier gelangen wir wieder zu dem Bild des liebenden Vaters. Ein solcher wird seinem Kind alles mit auf den Weg geben, was es braucht, um erfolgreich zu sein. Und so gibt uns Gott Talente, Wünsche und eine Umgebung, die alle Voraussetzungen zur Erreichung unseres Lebensziels liefert, mit. Wenn wir einmal überlegen, wovon wir als Kind geträumt haben, was unsere größte Leidenschaft war, welche Prioritäten unsere Eltern im Leben hatten und in welchen Bereichen wir besonders begabt sind, werden wir unser Ziel sehr einfach erkennen. Denn unsere Kinderträume waren noch unbeeinflusst von unserer Umwelt und unsere Talente sind Geschenke Gottes, die als Werkzeuge dienen und nicht ungenutzt in der Ecke liegen sollen. Sehen wir uns zudem unsere Eltern an und vereinen deren Lebensziele zu einem, denn das ist Evolution, wird uns sehr schnell klar werden, in welche Richtung es geht. Folgende Fragen helfen bei der Findung:

Welchen Beruf wollte ich als Kind erlernen?
Wovon habe ich als Kind geträumt?
In welchen Bereichen bin ich besonders begabt?
Welches Ziel haben meine Eltern verfolgt?
Wie sieht das Ziel aus, das beide individuellen Ziele der Eltern vereint?
Wie sieht ein perfekter Tag für mich aus?
Was hält mich davon ab, mein Lebensziel zu verfolgen?

Aus der Beantwortung dieser Fragen ergibt sich eine deutliche Richtung, die uns helfen kann, Begebenheiten und Erfahrungen in unserem Leben zu verstehen. Denn wir haben uns vor unserer Inkarnation Ziele gesetzt und Gott wacht darüber, dass wir diese auch erreichen. Gehen wir in die falsche Richtung, wird er uns sanft darauf hinweisen, doch ignorieren wir diese Hinweise und gehen weiterhin den falschen Weg, werden die Schmerzen größer werden. Dies heißt nicht, dass die konsequente Verfolgung unseres Lebensziels immer unproblematisch ablaufen wird. Doch können wir sicher sein, dass sie uns glücklich machen wird und auf alles vorbereitet, was noch kommen mag. Die Wahl liegt aber immer bei uns selbst. Gott wird uns unterstützen, aber nicht zwingen.

Ein Satz, der in diesem Zusammenhang sehr beeindruckend ist und den wir in unserer heutigen Gesellschaft mehr denn je brauchen, ist: „Wir sind hier auf Erden, um zu LEBEN, nicht um zu ÜBERLEBEN!"

Es ist eine Aufforderung an uns, aus den alten Tretmühlen auszutreten, das Sicherheitsnetz zu verlassen und den Sprung ins Glück zu wagen.

Die Anrufung Gottes in diesem Gebet wird abgeschlossen durch den Satz: „Geheiligt werde dein Name." Mit diesem Teil erschaffen wir uns für unsere Bitten einen heiligen, geschützten Raum. Wir erkennen mit diesem Satz all das an, was Gott darstellt, und umgeben uns während des Gebets mit reinem Licht, das uns vor negativen Energien schützt.

Das erste Blütenblatt stellt also schon enorme Herausforderungen an uns, obwohl es auf den ersten Blick wie eine nichtssagende Anrufung Gottes erscheinen mag. Aber haben wir uns alles vergegenwärtigt, alle Fragen beantwortet und unsere Einstellung korrigiert, ist unser Fundament stabil und tragfähig. Erst dann sollten wir uns auf die folgenden Aufgaben konzentrieren.

Übungen

1. Beantworte die im ersten Abschnitt aufgeführten Fragen ausführlich! Stelle fest, wo es Diskrepanzen zwischen dem im Verstand und im Gefühl existierenden Gott gibt, welche Sichtweise in Bezug auf andere Menschen vorhanden ist und wie diese sein sollte.
2. Lege resultierend aus Übung 1 zu erreichende Ziele und Möglichkeiten fest, mit welchen Mitteln dies erreicht werden kann.
3. Überprüfe die Antworten bezüglich der Selbsteinschätzung und lege die Bereiche fest, in denen Anpassungen notwendig sind.
4. Finde dein individuelles Lebensziel heraus und denke über Möglichkeiten nach, dieses zu erreichen.

5. Resultierend aus den Übungen 1-4: Entwickle persönliche Affirmationen und Mantren und suche die drei wichtigsten aus, um mit ihnen in den nächsten Wochen zu arbeiten.

Hinweis:
- Eine Affirmation ist ein selbstbejahender Satz, den wir uns selbst wieder und wieder sagen, um unsere Gedanken umzuprogrammieren.

- Ein Mantra beinhaltet ein Lebensziel, das erreicht werden soll.

- Wichtig bei der Entwicklung von Affirmationen und Mantren ist es, dass diese für uns glaubwürdig und erreichbar erscheinen und in der Gegenwartsform verfasst werden. Eine Affirmation wie zum Beispiel „Ich bin Multimillionär" wird von unserem Verstand sofort angegriffen und als unglaubwürdig eingestuft werden, wenn wir gerade arbeitslos und im Hartz IV-Bezug sind. Der Satz „Ich werde bald reich sein" beinhaltet dagegen die Aussage, dass ich mich auf dem Weg zu Reichtum befinde, diesen jedoch nie erreiche. Ich werde immer auf dem Weg bleiben.

Das zweite Blatt
Hingabe

„Dein Reich komme, dein Wille geschehe" ist eine Erklärung, die es in sich hat, denn mit ihr erkennen wir unseren Wunsch an, aus der Dualität von Himmel und Erde eine Einheit zu erschaffen. Und zwar nicht irgendeine Einheit wie ein fauler Kompromiss, sondern das Paradies auf Erden. Zudem erkennen wir an, was wir im ersten Blatt gelernt haben, nämlich dass Gott den besseren Überblick über unser Leben hat, über mehr Weitblick verfügt und wir ihm bedingungslos vertrauen. Beide Teile ergeben nur zusammen ein Ganzes.

Wenn wir erreichen wollen, dass diese Welt ein besserer Ort wird, unser Leben von Liebe, Glück und Positivem bestimmt wird, führt der Weg nur über das Vertrauen auf Gott. Wir haben eine antrainierte Aversion gegen Gehorsam und Unterwerfung. Und auf den ersten Blick mag es so scheinen, als ob dieser Satz genau dies von uns fordert. Auf den zweiten Blick ist es jedoch so, dass er uns Freiheit schenkt, denn er bedeutet inneren Frieden, Ausgeglichenheit und Glück. Unsere Aufgabe im zweiten Blatt besteht also darin, unsere Ziele im Sinne der bedingungslosen Liebe zu verfolgen und dabei Gott die Führung darin zu überlassen, wie er uns dort hinbringt. Funktioniert einmal etwas nicht so, wie wir es uns vorstellen, sollten wir die Führung höheren Mächten überlassen, die aus Liebe zu uns heraus handeln. Anstatt Groll, Wut und manchmal sogar Hass zu empfinden, negative Gefühle also, die nach dem Resonanzgesetz wieder in unser Leben zurückkommen werden, dürfen wir hier gelassen bleiben und die Leitung einfach an Gott abgeben. Hilfreich ist es dann, dies auch mit „dein Wille geschehe" laut zu äußern oder aber anzuerkennen, dass es sich um eine Lektion handelt, die wir lernen sollen, und gleichzeitig um Hilfe zu bitten, die Erkenntnis zu erlangen, die darin enthalten ist, um auf unserem Weg weitergehen zu können.

So einfach dies alles klingen mag, so schwierig ist es auch. Denn meistens meinen wir, alles besser zu können und zu wissen, wollen gleichberechtigt sein und selbst bestimmen. Hier hilft es nur, wenn wir uns vor Augen führen, dass wir selbst uns unser Lebensziel und die Umstände ausgesucht haben, dies aber im Moment (noch) nicht klar erkennen und deshalb auf die Macht vertrauen, die uns in Liebe unterstützen will. Wenn wir uns an die erste Lektion erinnern, sind wir darin aus unserer Ohnmacht in die Macht über unser eigenes Leben getreten. Nun müssen wir diese Verantwortung auch annehmen und ebenfalls in unangenehmen Situationen dazu stehen. Das heißt nicht, dass wir nicht um etwas bitten können, das uns dies erleichtert. Doch sollten wir nicht, wenn es nicht eintritt, an der Unterstützung „von Oben" zweifeln.

Ein altes Sprichwort besagt:

„Gott hat auf alle Bitten eine von drei Antworten:
Ja
Ja, aber wenn es so weit ist
Nein, aber nur, weil ich mit dir etwas viel Besseres vorhabe."

Wenn wir auf unser Leben zurückblicken, werden wir unzählige Situationen finden, in denen wir uns etwas gewünscht haben, im Nachhinein aber glücklich sind, dass unsere Gebete nicht erhört wurden. Wir werden Anzeichen dafür finden, dass jede Lektion uns ein Stück weiter auf dem Weg gebracht hat und die schlimmsten Momente die größten Lehren waren.

Mit der Umsetzung des zweiten Blattes erreichen wir, dass wir den Blickwinkel auf unser Leben ändern und auch Probleme mit Freuden angegangen werden können. Denn:

„Wenn du fest daran glaubst, dass alles, was geschieht, aus einem bestimmten Grund geschieht, wirst du nie einen schlechten Tag erleben." [1]

---

[1] Aus „Vater unser: Deine Schatzkarte zu Gott" von Kahtleen McGowan

Das zweite Blatt ist eine Übung, die unerlässlich ist, um glücklich zu sein und die uns auffordert, unser Leben so zu sehen, wie es ist.

An dieser Stelle sollten wir folgende Fragen für uns klären:

In welchen Bereichen bin ich bereit, für das Ziel „Himmel auf Erden" zu arbeiten?

Wo halten mich Wünsche nach Reichtum, Anerkennung und Vergeltung von der Verwirklichung ab?

Bis zu welchem Punkt vertraue ich darauf, dass alles zu meinem Besten geschieht?

Welche schmerzhaften Erfahrungen habe ich bis heute nicht verarbeitet?

Welche Bitten wurde nicht erfüllt und was geschah danach?

Was hätte es mir im Nachhinein genützt, wenn diese Bitten erfüllt worden wären?

Halte ich mich für wertvoll genug, damit meine Bitten erfüllt werden?

Welche Ängste und Sorgen habe ich?

Welche Lösungen erhoffe ich mir von Gott dafür?

Vor allen Dingen die letzten beiden Fragen stellen einen wesentlichen Teil der Arbeit am zweiten Blatt dar. Denn Energie folgt bekanntlich der Aufmerksamkeit und so ziehen wir mit unseren Befürchtungen genau diese Ereignisse in unser Leben. Es gilt also nicht nur, auf Gott zu vertrauen und sich weiterhin Sorgen zu machen, sondern auch, diese Sorgen effektiv abzugeben. Zum Abgeben gehört jedoch eine vorherige Annahme.

Die meisten Menschen kämpfen gegen Ängste, Probleme und Negativität und ziehen dies so nur noch mehr in ihr Leben, weil die Aufmerksamkeit auf einem nicht gewünschten Zustands liegt. Erst wenn wir uns mit unseren Ängsten und Sorgen positiv auseinandersetzen, werden wir sie abgeben können. Dies bedeutet, dass wir ein klares „Ja, ich habe diese Angst und das ist gut und richtig so" sagen, aufhören zu kämpfen und dann loslassen. Hilfreich hierbei kann es sein, sich in das Gefühl zu begeben, es zuzulassen und dann tief einzuatmen und beim Ausatmen zu sagen: „Alles, was mich belastet, verlässt jetzt meinen Körper". Dabei stellen wir uns vor, wie das negative Gefühl mit der Atemluft aus uns herausströmt und ins Universum geht.

Auch eine Meditation kann sich positiv auswirken, in der wir uns vorstellen, auf einer Wiese an einem Fluss zu sein. Auf dieser steht ein Baum, an dem ein großer Sack befestigt ist. In diesen Sack stecken wir nun alle unsere negativen Gefühle, schnüren ihn zu und werfen ihn in den Fluss, der direkt zu Gott führt, der sich darum kümmern wird. Oftmals hilft auch ein Brief, den wir schreiben und in dem wir alles ausdrücken, was uns belastet. Diesen Brief sollten wir verschließen und symbolisch für die Auflösung verbrennen.

Übungen

1. Beantworte die im zweiten Abschnitt aufgeführten Fragen ausführlich.
2. Stelle fest, wo es für dich persönlich Veränderungsbedarf gibt.
3. Lege resultierend aus Übung 1 und 2 zu erreichende Ziele fest.
4. Denke über Möglichkeiten nach, wie diese zu verwirklichen sind.
5. Resultierend aus den Übungen 1-4: Entwickle persönliche Affirmationen und Mantren und suche die drei wichtigsten aus, um mit ihnen in den nächsten Wochen zu arbeiten.

Das dritte Blatt
Dienen

Nachdem wir im zweiten Blatt unsere Aversion gegen Unterwerfung und Gehorsam überwunden haben, folgt direkt das dritte Blatt mit einem negativ behafteten Begriff, dem Dienen. Der einfach Satz „… wie im Himmel so auf Erden" verpflichtet uns zur Mitarbeit, denn wir sind es, die diese Erde ausmachen.

Tagein, tagaus beschweren wir uns über die Zustände in der Welt. Verhungernde Kinder, unsinnige Kriege, selbstsüchtige Menschen, uneinsichtige Politiker, unwissende Chefs, die steigenden Kosten, die sinkenden Löhne, den lauten Nachbarn, die verschmutzte Umwelt und vieles mehr sind Themen, über die wir uns nur zu gern auslassen. Wo ist da noch Gott?

Und genau das ist der Punkt, mit dem sich das dritte Blatt beschäftigt. Wie wir gelernt haben, zeigt Gott uns den Weg. Missachten wir seine Hinweise, erfahren wir Schmerz. Nun ist es vielleicht etwas weit hergeholt, einem verhungernden Kind zu sagen, dass es an seinem Zustand selbst die Schuld trägt. Doch wir dürfen nie vergessen, dass die Situation, in der sich unsere Welt heute befindet, von Menschen geschaffen wurde. Sind wir Eltern, werden wir Gottes Handlung verstehen, denn kein Vater würde jeden Tag kommentarlos das verwüstete Zimmer seines Kindes aufräumen und es dafür auch noch belohnen. Gibt es mehrere Kinder im Haushalt, die alle in einem Zimmer spielen, werden sie alle unter den Erziehungsmaßnahmen „leiden". Wir bilden eben eine Einheit und sind alle miteinander verbunden. Und so hat die Tat und der Gedanke eines Jeden Einfluss auf das Leben des Anderen. Der berühmte Sack Reis in China, der gerade umfällt, sollte uns eben doch interessieren. Verschreiben wir uns nun dem Ziel, den Himmel auf Erden zu schaffen, und fangen wir bei uns an, wird unsere Art, diesem Ziel zu dienen, Wellen schlagen. Wir können nicht die Welt ändern, aber wir können uns ändern. Und je mehr Menschen dies tun, desto näher kommen wir unserem Ziel.

Stellen wir uns einmal eine Waage vor, die auf der einen Seite das Gute, auf der anderen Seite das Böse aufnimmt. Die Waage unserer Welt ist aus dem Gleichgewicht geraten, unser Kinderzimmer chaotisch. Negative Gedanken, Taten und Zustände überwiegen. Doch dienen wir dem Ziel, bedingungslose Liebe in diese Welt zu bringen, werden unsere Gedanken zu einem Ausgleich der Waagschalen beitragen. Eine Theorie besagt, dass jeder gute Gedanke einen schlechten ausmerzt. Jede Bitte um Frieden neutralisiert einen Wunsch nach Krieg.

Dies ist eine logische Schlussfolgerung aus den Fakten, dass unsere Erde aus Energie besteht und Gedanken Schwingungen erzeugen. Und wenn wir noch nicht selbstlos genug sind, um allgemeinen Themen zu dienen, sollten wir es zumindest für uns selbst tun. Denn auch hier greift wieder das Resonanzgesetz. Je mehr positive Gedanken ich aussende, desto mehr werden zu mir zurückkehren. Mit meinen positiven Gedanken manifestiere ich das Gute in meinem Leben.

Es lohnt sich also für uns, an der Erschaffung des Himmels auf Erden durch unser Dienen mitzuwirken, denn wir sind die ersten, die davon profitieren.

Doch dieser Gedanke beinhaltet gleichzeitig eine Gefahr, denn unsere Motivation, die hinter unseren Verhaltensänderungen steht, ist von immenser Bedeutung. Tun wir Gutes aus einem Pflichtgefühl und nicht aus Liebe heraus, wird es zu nichts führen. Denn eine Gesellschaft, die aus Verpflichtungen besteht, kennen wir inzwischen zu Genüge. Können wir also nicht aus Liebe dienen, sollten wir einfach bei uns selbst anfangen und uns lieben und respektieren lernen, um dies an andere weitergeben zu können.

Doch wie kann unser Dienen aussehen? Sicherlich haben die wenigsten von uns die Möglichkeit oder Motivation, eine zweite Mutter Teresa zu werden. Jedoch gibt es unzählige Wege, dem Ziel des dritten Blütenblattes zu entsprechen. Wenn wir unsere Augen öffnen und die Chancen sehen, die sich uns jeden Tag bieten, werden wir die alte Frau sehen, die im Zug stehen muss, weil kein Sitzplatz frei ist, wir werden unseren kranken Nachbarn treffen, der dringend einige Einkäufe aus dem Supermarkt braucht, zu dem wir sowieso gerade fahren wollten, werden ein weinendes Kind wahrnehmen, dem eine tröstliche Umarmung guttäte, und die Katze, die auf einem Baum festsitzt. Haben wir etwas mehr freie Zeit, die wir investieren können, stehen gemeinnützige Institutionen Schlange, die ehrenamtliche Mitarbeiter suchen, und haben wir nur sehr wenig Zeit zur Verfügung, können wir einfach positive Energie an unsere Freunde schicken. Doch zuallererst sollten wir lernen, mit uns selbst liebevoll umzugehen und dankbar für das zu sein, was wir haben. Denn sind wir mit uns im Reinen, sind im Gleichgewicht, strahlen wir dies nach Außen aus und können anderen von der Fülle in uns geben. Ein gutes Beispiel ist hierfür ein Tag, an dem es uns besonders gut geht. Die Sonne strahlt, wir haben frei und sind gerade frisch verliebt. Gehen wir dann aus dem Haus, lächeln wir automatisch die Menschen an, die uns begegnen. Und dieses Lächeln wird vielleicht einen traurigen Menschen aufheitern oder einfach anderen zeigen, dass es in dieser Welt noch Freundlichkeit gibt.

Dienen ist also eine wundervolle Sache, denn sie bedeutet keinen Verlust von Selbstbestimmung oder Einbußen in unserer Würde, sondern einen Gewinn an positiven Ereignissen und Liebe in unserem Leben.

Übungen

1. Stelle eine Liste von fünf Personen zusammen, die im Moment besonders dringend positive Energie in ihrem Leben brauchen und schicke ihnen mindestens einmal am Tag einen liebevollen Gedanken
2. Überlege, wie viel Zeit oder Geld dir zur Verfügung steht, um dich für ein Thema zu engagieren, das dir am Herzen liegt. (Vergiss hierbei nie das Resonanzgesetz)
3. Schreibe mindestens drei Konfliktsituationen der letzten Zeit auf und analysiere sie im Hinblick auf dein Verhalten.
4. Wie hätten diese Situationen ausgehen können, wenn du sie unter dem Aspekt „den Himmel auf Erden schaffen" angegangen wärst?
5. Schreibe auf, in welchen Bereichen du lieblos mit dir selbst umgehst und wie du dies ändern kannst

Das vierte Blatt
Fülle

Endlich, nach drei Blättern mit für uns schwierig erscheinenden Aufgaben, gelangen wir zu einem Blatt, das uns auf den ersten Blick wie ein Segen erscheint: Fülle.

„Unser tägliches Brot gib uns heute" klingt nach einer vernünftigen, angemessenen Bitte, die doch für Gott leicht zu erfüllen sein sollte. Doch dahinter verbirgt sich eine Anforderung, die für die meisten von uns mit ihren Prägungen aus der Kindheit nur schwer zu erfüllen ist. Wir sollen von unserem Mangelbewusstsein in das Gefühl der Fülle gehen.

Haben wir nicht alle gelernt, dass wir auf etwas sparen sollen, das wir haben wollen? Dass man nie genug Geld haben kann? Oder dass wir mehr von Diesem oder Jenem brauchen, um glücklich zu sein? Die neueste Technik, noch mehr Schuhe, ein Traumurlaub oder vielleicht ein neues Auto? Immer „fehlt" irgendetwas. Dieses Wissen hat tief in uns Wurzeln geschlagen. Wir streben nach der nächsten Beförderung, einem Lottogewinn und einem vollen Kleiderschrank und vergessen dabei, das zu würdigen, was wir heute schon haben. Und wenn wir ehrlich zu uns selbst sind, müssen doch gerade wir in Europa zugeben, dass es nur einen verschwindend geringen Anteil an Menschen gibt, die Hunger leiden müssen oder denen es an überlebenswichtigen Dingen mangelt. An diesen Punkt sollten wir uns vor Augen führen, wie wir wirklich leben und in welcher Fülle wir uns bereits befinden. Folgende Fragen sollen uns dabei helfen, uns der wirklichen Situation bewusst zu werden:

Wie viel Geld steht mir monatlich zur Verfügung?
Welche Dinge brauche ich, um (über-)leben zu können?
Welche Dinge stufe ich als Luxus ein?
Und welche davon besitze ich bereits?
Welche Menschen in meinem Umfeld gibt es, die ich als Familie oder wirkliche Freunde bezeichne?
In welchen Bereichen meines Lebens bin ich erfolgreich?

In welchen Bereichen meines Lebens bin ich weniger zufrieden?

Wenn wir zusammenfassend auf unsere Antworten schauen, werden wir sehr schnell feststellen, dass es uns eigentlich an kaum etwas mangelt. Wir haben nur vermittelt bekommen, dass wir ohne gewisse materielle Dinge nicht glücklich sein können und die Lehren einer Kriegs- oder Nachkriegsgeneration übernommen, die noch Hunger und Obdachlosigkeit kannte.

Doch Mangelbewusstsein kann sich auch in immateriellen Dingen ausdrücken, so zum Beispiel mangelnder Liebe oder Selbstliebe. Auch hier liegen die Gründe meist in unserer Kindheit. Und obwohl wir vielleicht gute Freunde, eine fürsorgliche Familie und beruflichen Erfolg haben, empfinden wir diese als nicht ausreichend.

Um an diesen Empfindungen zu arbeiten, sollten wir uns zuerst verdeutlichen, dass Mangelbewusstsein kein natürlicher Zustand ist. Das Bewusstsein von Fülle hingegen ist es sehr wohl. Wir beseitigen unser Mangelbewusstsein durch mehrere kleine Änderungen in unserem Leben:

Dankbarkeit
Um noch mehr Fülle in unser Leben zu ziehen und uns dieser auch bewusst zu sein, ist Dankbarkeit unerlässlich. Wir haben verlernt, wirklich dankbar für das zu sein, was wir bereits haben. Dabei ist es so einfach, für alles, was wir erhalten, ein einfaches „Danke" an eine andere Person und/oder Gott auszusprechen. Wenn wir wieder anfangen, nichts in unserem Leben als selbstverständlich anzusehen und uns auf das konzentrieren, was wir haben, anstatt auf das, was wir nicht haben, wird unsere Energie sich auf die Fülle richten und nach dem Resonanzgesetz noch mehr Fülle in unser Leben bringen. Alles beginnt und endet mit der Dankbarkeit!

Klarheit
Wenn wir ehrlich zu uns selbst sind, werden wir feststellen, dass wir meistens einfach mehr von

allem wollen, ohne uns wirklich darüber im Klaren zu sein, was genau wir aus welchem triftigen Grund wünschen. Die Notwendigkeit dieses „Mehrs" ist dabei aber oft gar nicht gegeben oder wir können es nicht definieren. Dies liegt daran, dass wir so in dem Gefühl des Mangels aufgehen, dass wir gar nicht daran denken, einmal mit allem zufrieden zu sein, was wir bereits haben. Und haben wir dann einen konkreten Wunsch, formulieren wir ihn so genau, dass wir Gott gar keinen Spielraum lassen, uns zufriedenzustellen, wenn er mit seinem Weit- und Überblick über unser Leben eine andere Variante empfiehlt.

Stellen wir uns einmal vor, dass wir unbedingt die Zusage eines Arbeitgebers bekommen möchten, bei dem wir uns beworben haben. Alles dort erscheint uns perfekt und wir bitten Gott um genau diesen Job. Doch das Arbeitsklima in diesem Betrieb ist sehr schlecht und der Chef ein wahrer Sklaventreiber. Was soll Gott nun tun? Viel besser wäre es, um einen neuen Job zu bitten, der das Beste für uns ist. Denn wir haben in den vorhergehenden Blättern gelernt, Gott zu vertrauen und ihm die Entscheidung zu überlassen, wohin er uns schickt. Außerdem beschränken wir uns mit unserer Konkretisierung selbst, denn manch positive Entwicklung ist für uns zu dem Zeitpunkt noch gar nicht vorstellbar. Oftmals ist es im Sinne der Klarheit auch schon ausreichend, wenn wir unsere Beweggründe für einen Wunsch oder eine Bitte aufschreiben.

<u>Vereinbarkeit</u>
Manchmal sind unsere Wünsche und Bitten ohne großes Überlegen und Prüfen einfach und schnell formuliert. Wenn wir uns jedoch einmal darauf besonnen haben, in welcher Fülle wir bereits leben, sollten wir jede Bitte dahingehend prüfen, ob sie mit dem vereinbar ist, was wir im bisherigen Verlauf des Labyrinths gelernt habe, insbesondere dem Blatt des Dienens. Wir haben uns „verpflichtet", dem Ziel der Erschaffung des Himmels auf Erden zu dienen. Deshalb sollten wir uns auch bei unseren Bitten fragen, ob diese uns bei der Erreichung unseres Ziels nützlich sind. Das bedeutet nicht, dass wir uns ab sofort

kein Haus oder kein neues Auto mehr wünschen dürfen, denn auch unser Wohlbefinden trägt zur Erreichung dieses Ziels bei. Doch sollten wir uns bewusstmachen, dass manche Wünsche eben aus einem Mangelbewusstsein heraus entstehen, andere wiederum, um wirkliche Verbesserungen in unserem Leben zu erreichen. Möchte ich zum Beispiel einen bestimmten Partner für mich gewinnen, dieser ist aber bereits verheiratet, wäre es doch auch völlig ausreichend, Gott um einen liebenden Menschen zu bitten, mit dem ich eine Partnerschaft eingehen darf. Wir brauchen nicht unbedingt diesen einen Menschen, denn hierfür müssten wir eine bestehende Ehe zerstören.

Glauben
Bevor wir jedoch unsere Wünsche manifestieren können, benötigen wir als Grundvoraussetzung den Glauben, dass Gott in der Lage ist, alles zu tun, und wir es wert sind, dass unsere Wünsche erfüllt werden. Ohne dies werden unsere Gedanken und Glaubenssätze uns davon abhalten, das in Empfang zu nehmen, um was

wir gebeten haben. Die Macht der Gedanken wird in diesem chinesischen Spruch sehr treffen beschrieben:

„Achte auf deine Gedanken, denn sie werden Worte.
Achte auf deine Worte, denn sie werden Handlungen.
Achte auf deine Handlungen, denn sie werden Gewohnheit.
Achte auf deine Gewohnheiten, denn sie werden dein Charakter.
Achte auf deinen Charakter, denn er wird dein Schicksal."

Während es aufgrund unserer Erziehung für die meisten von uns nicht weiter schwierig ist, klare Gedanken zu formulieren, sind Glaube und Vertrauen Gefühle, die wir nur schwer steuern können. Wir bevorzugen es, unseren „Augen zu trauen" oder generell unseren Sinnesorganen. Wissenschaftliche Beweisführung steht weit vor der Intuition und lässt kaum noch Raum für Dinge, die Glauben erfordern. Wollen wir nun an eine Energie, eine Macht oder ein Gefühl glauben, sollten wir verstehen, wie der Weg von einer einfachen Annahme zu einem Glaubenssatz aussieht. Stellen wir uns einmal vor, dass unsere Positiv-Negativ-Skala von Glaubenssätzen wie eine Messlatte direkt vor uns steht. Unten befinden sich Feststellungen, an die wir nicht glauben, in der Mitte liegt die neutrale Zone, oben sind Sätze angesiedelt, an die wir glauben. Wollen wir die Position eines bestimmten Glaubenssatzes nun dauerhaft ändern, reicht es nicht aus, ihn auf der Skala einfach zu verschieben. Wir werden lediglich erreichen, dass wir für einige wenige Stunden oder Tage das gewünschte Ergebnis erzielen, danach jedoch beobachten können, wie er wieder in die alte Position zurückgeht.

Wenn wir verstehen, warum dies geschieht, haben wir auch gleichzeitig den Schlüssel zur der dauerhaften Verschiebung von Glaubenssätzen in den Händen. Jeder Glaube ist ummantelt von Beweisen, Hinweisen, Aussagen und Informationen. Bekommen wir zum Beispiel etwas von mehreren Personen gesagt oder bekommen es immer wieder gesagt, lesen wir in einem Buch Begründungen für etwas, sagt unser Verstand, dass etwas logisch ist, wirken alle diese Teile wie Ziegelsteine, die den Glaubenssatz an einer Position festhalten. Wollen wir diesen Glauben nun verschieben, sollten wir die alten Ziegelsteine entfernen oder zumindest lockern und eine stärkere Mauer um die neue Position aufbauen. Wollen wir also daran glauben, dass Gott alle unsere Wünsche erfüllen kann, sollten wir zuerst untersuchen, wie unser bisheriger Glaubenssatz aussieht, warum wir Gott einschränken oder aus welchen Gründen er uns unsere Bitten nicht erfüllen sollte. Danach sollten wir diese „Beweise" widerlegen und für unseren neuen Glaubenssatz entsprechende Belege suchen.

Beachten wir alle diese Punkte, steht einem Leben in dem Bewusstsein der Fülle nichts mehr entgegen und wir werden die Bitte „unser tägliches Brot gib uns heute" voller Zuversicht aussprechen können.

Übungen

1. Beantworte die im vierten Abschnitt aufgeführten Fragen ausführlich.
2. Stelle fest, wo es für dich persönlich Veränderungsbedarf gibt.
3. Lege resultierend aus Übung 1 und 2 zu erreichende Ziele fest.
4. Denke über Möglichkeiten nach, wie diese zu verwirklichen sind.
5. Resultierend aus den Übungen 1-4: Schreibe einen Brief, in dem Du Deine Dankbarkeit ausdrückst
6. Schreibe einen Herzenswunsch mit Begründung auf und formuliere ihn entsprechend den im Kapitel erlernten Methoden inklusive der Vereinbarkeit
7. Schreibe von nun an jeden Tag mindestens drei Dinge auf, die dir besonders gut gelungen sind und für die du dankbar bist.

Das fünfte Blatt
Vergebung

Mit dem fünften Blatt gelangen wir wieder an eine empfindliche Stelle in unserem Leben: „Und vergib uns unsere Schuld, wie auch wir vergeben unseren Schuldigen."

Dieser Satz gehört für viele von uns sicherlich nicht zu unseren Favoriten, denn so manche Feindschaft oder Apathie ist lange und gut gepflegt. Und ergänzen sollten wir diesen Satz zudem noch um den Teil „...und uns selbst."

Doch wenn wir dieses Blatt verstanden und in unser Leben integriert haben, werden wir innerlich wirklich frei sein. Denn negative Gefühle, gegen wen auch immer, belasten uns nicht nur, sondern wirken sich in vielerlei Hinsicht auf uns aus. Das Objekt unserer Ablehnung merkt davon meist wenig, wohingegen wir selbst darunter leiden. Denn negative Energien sind schwer, wie uns der Satz: „Das zieht mich runter" oder „Das belastet mich" schon sagt. Positive Energien jedoch sind leicht und wir fühlen uns, als ob wir schweben würden. Wir sind „beschwingt" und „haben Oberwasser". Zudem kommt noch, dass alles, was wir aussenden, auch zu uns zurückkehrt. Und wollen wir das wirklich?

Wir handeln also gegen unser eigenes Glück, wenn wir an unseren Enttäuschungen, unserem Zorn und unserer Wut festhalten.

Um den Grundstein für die Vergebung zu legen, ist es wichtig, die ersten Blätter verinnerlicht zu haben. Hier haben wir gelernt, dass alles in unserem Leben einen höheren Sinn hat, dass jeder Mensch seinen eigenen Weg geht, wir aber doch alle zu einer Einheit gehören. Auch müssen wir verstehen, dass jeder Menschen in jedem Moment seines Lebens immer sein Bestes gibt und das im Rahmen seiner Möglichkeiten. Keiner von uns kann sich exakt in einen anderen hineinversetzen, weil er nicht exakt dasselbe erlebt, erfahren, gehört, gesehen oder gefühlt hat. Wir alle haben eine unterschiedliche Geschichte, verschiedene Prägungen, einen andere Körper, ein anderes Umfeld oder andere Gefühle. Und so können wir selbst die uns bekanntesten

Menschen nicht komplett verstehen oder erklären. Dies bedeutet nicht, dass wir alles gut finden müssen, was andere tun, jedoch sollten wir keinem das Recht auf seinen eigenen Weg absprechen oder uns anmaßen, eine andere Person für etwas zu verurteilen.

Hilfreich bei unserer Arbeit mit der Vergebung kann zudem sein, wenn wir uns klarmachen, dass es keine Zufälle gibt. Jeder Mensch, der in unser Leben tritt, tut dies aus einem bestimmten Grund. Manche fügen uns Schmerzen zu, weil unsere bisherigen negativen Erfahrungen nicht ausreichten, um uns wieder auf unseren Lebensweg zu bringen.

Der bekannte Psychologe und Transformationstherapeut Robert Betz nennt diese Personen „Arschengel". Und dies mit gutem Grund. Denn die Menschen, die uns am meisten enttäuscht und verletzt haben, waren oftmals der Grund für entscheidende Änderungen in unserem Leben. Anstatt zu grollen, sollten wir ihnen dankbar für die Lehre sein, die wir durch sie lernen durften. Sind wir aber so engstirnig, den Fehler immer bei anderen zu suchen, geben wir die Macht über unser Leben ab und gehen in eine Opferrolle. Übernehmen wir jedoch die Verantwortung für unser eigenes Leben, gehen in die Macht, erkennen wir, dass es etwas gab, was wir lernen mussten, sind dankbar für diese Entwicklung und gehen auf unserem Weg weiter anstatt ständig in der Vergangenheit zu leben.

Und ein weiterer Punkt spricht dafür, anderen zu vergeben: Jedes negative Gefühl, das wir anderen entgegenbringen, hat seinen Ursprung in uns selbst und deutet auf eine Erfahrung hin, die wir noch nicht verarbeitet haben. Ein Beispiel hierfür ist das eines erwachsenen Menschen, dem Fairness sehr wichtig ist. Beobachtet dieser Mensch unfaires Verhalten, regt er sich auf und wird wütend, obwohl er vielleicht gar nicht betroffen ist. Ein Grund hierfür kann sein, dass dieser Mensch in seiner Kindheit eine sehr unfaire Situation erlebt hat, die für ihn extrem schmerzhaft war und sich in sein Gedächtnis eingebrannt hat. Verarbeitet er dieses Erlebnis nun, wird er zwar noch immer dieselbe Situation als unfair empfinden, jedoch nicht mehr mit extremen negativen Gefühlen bedenken. Als Konsequenz darauf ziehen wir die Erkenntnis, dass alles bei uns selbst begründet liegt und wir andere nicht verantwortlich machen sollten. Entlassen wir sie aus der Verantwortung, werden wir nicht nur frei, sondern haben die Chance auf eine positive Veränderung in unserem Leben.

Doch das fünfte Blatt will noch mehr von uns, denn ein wichtiger Punkt wird oft übersehen: die Vergebung uns selbst gegenüber. Wie oft sagen wir: „Hätte ich das mal bloß nicht gemacht?" Wir machen uns Vorwürfe, weil wir es hätten besser wissen müssen, weil wir unser Gefühl missachtet oder den Ratschlägen anderer misstraut haben. Wir sollten uns selbst zugestehen, dass wir ein Recht auf unseren eigenen Weg haben, wir einen Lernprozess durchlaufen und genau so, wie wir sind, auch gut sind. Alles hat so, wie es ist und war, einen Sinn. Können wir das umsetzen, sind wir unserem persönlichen Glück ein gutes Stück nähergekommen.

Übungen

1. Fertige eine Liste mit Personen an, denen du noch etwas zu vergeben hast
2. Schreibe Gründe auf, warum diese Personen in deiner Entwicklung wichtig waren
3. Verändere deine Sichtweise auf diese Situationen und versuche dir vorzustellen, was du aus Sicht des „Mächtigen" empfinden würdest.
4. Liste alle Dinge auf, die du dir selbst noch nicht verziehen hast und wiederhole Nr. 2 und 3 mit dieser Liste

Das sechste Blatt
Überwindung

Manch einer wird sich beim Lesen dieses Titels sicherlich fragen, warum die Überwindung am Ende der zu bearbeitenden Blätter steht, wo es doch sicherlich eine große Aufgabe ist, seine eigenen Vorbehalte gegen das Betreten des Labyrinths und vor allen Dingen der Blüte zu überwinden. Doch das Thema hier ist ein anderes, nämlich die Überwindung der sieben Todsünden. Ist uns das zu christlich angehaucht, können wir es auch die Überwindung aller Ursachen negativer Gefühle nennen. Wie bereits erwähnt, ermöglicht uns erst das Schwarz, das Weiß zu erkennen und eine Entscheidung zu treffen. Entscheidungen sind notwendig, um Erfahrungen zu machen. Und das Gute lässt sich nur in Gegenwart des Bösen als solches einstufen.

Bleiben wir der Einfachheit halber für den Anfang bei dem Begriff Todsünde und der Aussage der Bibel dazu, denn dies wird sich im weiteren Verlauf als hilfreich erweisen. Die sieben Todsünden der Bibel sind:

Hochmut
Zorn
Neid
Trägheit
Habgier
Völlerei
Wollust

Spricht das Vater unser nun von „Und führe uns nicht in Versuchung, sondern erlöse uns von dem Bösen.", meint es diese Verhaltensweisen. Warum sollten wir Gott darum bitten, uns vor ihnen zu bewahren?

Hochmut

Vielleicht ist dieses Wort in den letzten Jahren etwas aus der Mode gekommen und durch Arroganz ersetzt worden, doch ist es mit Sicherheit eine Eigenschaft, die die Grundlage für alle weiteren bildet und deshalb auch als erste aufgeführt wird. Hochmut bedeutet, aus dem Gleichgewicht zu geraten. Nicht nur zu sich selbst, sondern auch zu allen anderen Menschen. Überall im Leben und im Universum ist das Gleichgewicht und die Ausgeglichenheit von immenser Bedeutung. Der Hochmut bewirkt jedoch genau das Gegenteil: Wir halten uns für größer, stärker, besser, begabter, schöner oder intelligenter als andere. Nicht umsonst heißt ein altes Sprichwort „Hochmut kommt vor dem Fall", denn Gott wird uns wieder ins Gleichgewicht bringen und je größer unser Hochmut war desto tiefer werden wir fallen, um uns dann in der Mitte wieder einzupendeln.

Fragen wir uns einmal, in welchen Bereichen wir hochmütig sind.

In welchen Situationen, Lebenslagen oder gegenüber welchen Personen fühle ich mich überlegen?
Wo nehme ich anderen Menschen die Entscheidungskompetenz über ihr eigenes Leben, weil ich meine, es besser zu wissen?
Wo urteile ich über andere Menschen?

All dies sind Fragen, die uns darauf hinweisen,

dass wir uns nicht immer im Einklang und Gleichgewicht mit unseren Mitmenschen verhalten. Wollen wir noch einen Schritt weiter gehen, können wir die Natur mit einbeziehen. Denn auch hier hat die Menschheit schon lange das natürliche Gleichgewicht zerstört.

<u>Zorn</u>

Nicht jeder von uns ist ein Choleriker. Manche Menschen verhalten sich emotionaler als andere oder können sich in diesem Bereich weniger kontrollieren. Trotzdem dürfte keinem Zorn oder auch Wut unbekannt sein. Jeder hat ihn schon einmal empfunden. Wir haben alle schon einmal gesagt, dass uns etwas rasend macht, und wir hatten dabei Mühe, uns unter Kontrolle zu halten.

Zuerst sollten wir zurück zum fünften Blatt gehen und uns vor Augen führen, dass jedes negative Gefühl seinen Ursprung in uns selbst hat und uns fragen, warum genau diese Situation dieses Gefühl hervorruft. Doch dann haben wir, sozusagen als Notfallhilfe, die Möglichkeit, unseren Zorn in die richtigen Kanäle zu leiten und diese starke Energie zur Erreichung positiver Ergebnisse zu führen. Und sei es nur, indem wir mit ihr auf einen Sandsack einschlagen und unseren Körper dabei trainieren. In jedem Fall sollte es aber möglich sein, den Zorn dadurch zu mindern, dass wir zurück zum fünften Blatt und in die Vergebung gehen.

Fragen wir uns an dieser Stelle einmal:

Was macht mich regelmäßig wütend und zornig?
Wie könnte ich in diesen Situationen meine Energie anders kanalisieren?
Und wäre es vielleicht möglich, dieses Gefühl ganz abzustellen, indem ich vorbereitend nach dem fünften Blatt an mir arbeite und vergebe (mir selbst oder anderen)?

Neid
Neid ist die beste Möglichkeit, Freundschaften und Partnerschaften zu zerstören. Fragen wie „Warum hat die das und ich nicht?" implementieren, dass wir den anderen abstufen, ihn für unwürdig halten und mit Hochmut der

Meinung sind, dass wir mindestens genauso viel verdient haben.

Zudem ist es eine Beleidigung Gottes, über den wir doch gelernt haben, dass er immer das Beste für uns tut und weiß, was für uns gut und richtig ist. Oder meinen wir in der Situation, Gott hätte sicherlich einen Fehler gemacht? Dann wären wir extrem hochmütig.

Neid ist ein Gefühl, das auf viele verschiedene negative Gefühle hindeutet: fehlende Liebe zu unseren Mitmenschen, Eifersucht, Missgunst, Hochmut und fehlendes Vertrauen in Gott. Und eigentlich ist das einzige, was wir tun müssen, richtig um das zu bitten, was wir uns wünschen. Womit wir wieder bei der Umsetzung der Lehre des vierten Blatts wären.

Aber Neid deutet auch auf fehlendes Selbstwertgefühl hin und damit sollten wir anfangen, an uns selbst zu arbeiten.

Fragen wir uns einmal:

Bei welcher Gelegenheit habe ich jemanden wirklich beneidet?
Bin ich ein eifersüchtiger Mensch?

Wo liegen die Gründe für meinen Neid? Ist es eher Missgunst oder fehlendes Selbstwertgefühl?
Mit welchen Methoden kann ich daran arbeiten?

Wenn wir uns unserer Einzigartigkeit und der Tatsache, dass alle Menschen den gleichen Wert haben, bewusst sind, grenzen wir viele neidvolle Erfahrungen aus. Stärken wir zudem unseren Glauben daran, dass wir in Fülle leben, gehört das Thema Neid meistens der Vergangenheit an.

<u>Trägheit</u>
Trägheit oder Bequemlichkeit sind für viele Menschen in ihrer Zuordnung zu den Todsünden unverständlich. Doch nehmen wir diese Verhaltensweise einmal genauer unter die Lupe, werden wir verstehen, warum dies so ist. Trägheit führt dazu, dass wir unseren Lebensweg nicht weitergehen können. Wir entwickeln uns nicht, weil wir unsere Komfortzone nicht verlassen möchten und bevorzugen, uns sicher und geborgen in unserem heimischen Nest vor dem Fernseher auf das Sofa zu legen. Dies ist nun vielleicht ein wenig übertrieben, doch sind

viele Missstände in der Welt auf unsere Trägheit zurückzuführen. Wie viel besser könnte es unserer Natur zum Beispiel gehen, wenn wir nicht zu bequem wären, das Auto in der Garage stehen zu lassen oder uns erst gar keins anzuschaffen, nur noch Eier von freilaufenden Hühnern zu kaufen, wieder kleine anstatt genmanipulierte Tomaten zu essen oder Make-up ohne Tierversuche zu kaufen? Viele Länder kennen zum Beispiel gar keine Altenheime, ja finden es sogar abstoßend, dass alte Menschen nicht in der Familie bleiben. Und was würde eine einfache Geste wie das Aufstehen im Bus für einen anderen bewirken?

Trägheit hält uns von all dem ab und andere Gründe sind meist nur vorgeschoben. Doch viel schlimmer ist es, was wir uns selbst antun, denn wir arbeiten an unseren „Fehlern" nur, wenn es gar nicht anders geht, weil es so unbequem ist. Die tägliche Meditation verbringen wir viel lieber mit einem guten Buch und unbekannten Situationen gehen wir aus dem Weg, weil sie vielleicht schlecht für uns ausgehen. Wir verhindern unsere Weiterentwicklung und fühlen uns dabei noch wohl. Nun ist nicht jeder im selben Maße träge und bequem, doch sollten wir uns alle fragen:

Wo könnte ich mehr tun, um ein wenig mehr den Himmel auf Erden zu schaffen?
Vor welchen Situationen „drücke" ich mich regelmäßig?
Wo habe ich in meinem Leben noch Möglichkeiten, mich weiterzuentwickeln?

Gehen wir nur ein kleines Stückchen mehr in die Unbequemlichkeit, werden wir Gott Möglichkeiten geben, in unserem Leben zu wirken und uns weiterentwickeln.

Habgier
Habgier ist nicht zu verwechseln mit dem Wünschen, mehr von etwas zu haben. Habgier ist ein Verhalten, das den Wunsch nach mehr über alles andere stellt und für die Erfüllung dieses Wunsches „über Leichen gehen" würde. Wir stellen materielle Dinge über alles andere und rennen nur diesem Ziel hinterher, ohne

dabei auf unsere Mitmenschen zu achten und auf Gott zu vertrauen, dass er uns immer gibt, was wir gerade brauchen. Wir verpacken unsere Habgier meist sehr nett und geben ihr andere Namen. Firmeninhaber bezeichnen sie gerne als Geschäft und selbst das einfache und verzeihbare Ausnutzen einer Person ist in der Wurzel die Habgier.

Die Gier, mehr und mehr zu besitzen, lässt uns alles Gelernte vergessen, vor allen Dingen das Ziel, den Himmel auf Erden zu erschaffen. Viel schlimmer ist jedoch, dass wir uns selbst darüber vergessen, denn persönliche Beziehungen, Liebe und Freundschaft leiden unter Habgier. Nun sind wir alle wahrscheinlich nicht ganz so extrem, doch sollten wir uns folgende Fragen stellen:

Wann habe ich schon einmal zu „unlauteren" Mitteln gegriffen, um etwas zu erreichen?
Wie habe ich mich dabei gefühlt?
Welche Entschuldigungen habe ich für mich oder andere verwendet, um mein Verhalten zu rechtfertigen?

Jeder von uns hat seine „Schwachstellen" und vielleicht hat auch jeder Mensch, wie im Film „Ein unmoralisches Angebot" behauptet, seinen Preis. Doch können wir uns auf einen Weg begeben, an dessen Ende der Preis unbezahlbar oder sogar gar nicht mehr vorhanden ist.

Völlerei

Auch das Wort Völlerei ist veraltet und wird kaum noch verwendet. Vielleicht können wir heute eher mit „Genusssucht" oder „Maßlosigkeit" beschreiben, was mit dieser Todsünde gemeint ist. Gemeint ist hier nicht, dass wir unser Essen nicht genießen dürfen.

Es geht hier darum, dass wir in unserem Leben immer das richtige Maß von allem finden sollten. Wieder treffen wir hier auf das notwendige Gleichgewicht der Dinge. Für viele von uns ist es unvorstellbar, 150 Paar Schuhe im Schrank zu haben. Für Madonna ist das jedoch noch eine kleine Zahl. Für ein Obdachlosen ist eine warme Decke im Winter ein Segen, während andere mindestens 20 Grad in ihrer heimischen Wohnung benötigen, um sich wohlzufühlen. Das richtige Maß ist also sehr individuell. „Zu viel tut selten gut" haben uns unsere Eltern schon in frühester Kindheit gesagt, wenn wir am liebsten alle Ostereier auf einmal aufgegessen hätten und so ist es auch in unserem Erwachsenenleben. Brauchen wir wirklich die zehnte Handtasche, das neueste Handy oder den schnittigen Zweisitzer? Oder könnten wir nicht vielleicht ohne große Mangelerscheinungen einfach etwas abgeben und einem anderen Menschen helfen und sein Leben leichter machen?

Vor allen Dingen bei Geld kennen die meisten Menschen kein wirkliches Maß. Reichtum, also Geld im Überfluss, scheint für kaum jemanden nicht attraktiv zu sein. Doch was wollen wir eigentlich damit? Wenn wir auf Gott vertrauen, darauf, dass wir immer alles haben, was wir gerade brauchen, uns an die Regel halten, im Hier und Jetzt zu leben und nicht in der Zukunft oder Vergangenheit aufhalten, ist Reichtum kaum noch ein erstrebenswerter Zustand.

Fragen wir uns doch einmal folgendes:

Was ist die Sache, bei der ich immer "schwach" werde?
Wofür gebe ich unverhältnismäßig viel Geld aus?
Was war das Verschwenderischste, das ich je getan habe?
Wo empfinde ich Schuldgefühle, wenn ich es mir "leiste"?
Wie ist meine Einstellung zu Reichtum?

Wenn wir diese Fragen beantwortet haben, können wir daran arbeiten, die Dinge ins rechte Licht zu rücken und wieder in ein Maß zu bringen, das sich mit dem deckt, was wir in den ersten Blättern gelernt haben.

Wollust

In der heutigen Zeit mit ihrer sexuellen Offenheit und dem Grundsatz, dass alles, was Spaß macht, erlaubt ist, ist dies wahrscheinlich das schwierigste Thema von den sieben Todsünden.
Wie wir immer mehr herausfinden, sind Körper und Seele eine Einheit, die untrennbar miteinander verbunden ist. Wir wissen, dass nur eine ganzheitliche Behandlung von Krankheiten

auf Dauer gesehen effektiv ist und alles, was entweder dem Körper oder der Seele passiert, Einfluss auf den jeweils anderen Teil hat. Und wir können daraus die Schlussfolgerung ziehen, dass ein verantwortungsbewusster Umgang mit beiden Anteilen von größter Bedeutung ist.

Auch im Bereich der Sexualität sollten Seele und Körper dazu bereit sein und nicht nur ein körperliches Bedürfnis befriedigt werden. Die vielen verschiedenen Spielarten, die heute völlig normal sind, lassen oftmals den nötigen Respekt vor dem Menschen oder der Seele vermissen. In jedem Fall sollten wir uns immer fragen, ob wir eine sexuelle Beziehung nur aus einem körperlichen Bedürfnis heraus eingehen, weil uns jemand gerade reizt und anzieht oder weil sowohl Körper als auch Seele sich dies wünschen.

Es ist sicherlich mehr als unpopulär, Sex ausschließlich in einer Ehe zu sehen. Und mit Sicherheit ist dies auch nicht erforderlich. Jedoch darf die Seele niemals mal eben für die Dauer eines One-Night-Stands in die Ecke gestellt werden. Das Gefühl muss in Einklang mit dem

Körper stehen. Alleine die Befriedigung körperlicher Bedürfnisse ohne Rücksicht auf Gefühle schadet mehr als dass es nützt.

Hierzu sollten wir uns selbst folgende Fragen beantworten:

Welchen Stellenwert hat eine sexuelle Beziehung innerhalb und außerhalb einer Partnerschaft für mich?

Wie wichtig ist mir dabei die Befriedigung körperlicher im Verhältnis zu den seelischen Bedürfnissen?

Welche Rückmeldung gibt mir mein Bauchgefühl/meine Seele, wenn ich mir dies vor Augen führe?

Welche Schritte gilt es zu tun, um Körper und Seele in Bezug auf meine sexuellen Beziehungen in Einklang zu bringen?

Mit dem letzten Blatt der sechsblättrigen Rose wurde uns also noch einmal eine umfangreiche Aufgabe gestellt, an uns zu arbeiten, bevor wir endlich die Mitte erreichen, die Liebe. Zwar werden wir nicht alle uns hierin gestellten

Aufgaben erledigen können, jedoch ist es oftmals schon ausreichend, sich einer Problematik im Leben bewusst zu werden, um tiefgreifende Veränderungen anzustoßen. Trotzdem baut ein Blatt auf dem anderen auf und wir sollten uns immer vor Augen führen, dass wir uns mit dem Labyrinth von Chartres auf eine lebenslang andauernde Reise begeben. Die einzelnen Themen wollen immer wieder überprüft und neu überdacht werden, denn nur so können wir uns in jeder Entwicklungsstufe neu in die richtige Richtung bringen.

Die Mitte

Liebe

Der Mittelpunkt des Labyrinths ist die Liebe. Gemeint ist nicht die romantische Liebe, das Verliebtsein oder das Schwärmen für jemanden. Es ist die bedingungslose Liebe, die sich dadurch auszeichnet, dass sie einfach nur ist, ohne Forderungen zu stellen. Die meisten von uns kennen Beziehungen, in denen es immer etwas am Partner auszusetzen gab. „Willst du meine Liebe, dann ändere dich!" Doch ist das wirklich Liebe? Oder ist es nicht vielmehr ein schönes Gefühl, das noch nicht ganz perfekt ist, weil der Partner nicht ganz so ist, wie wir ihn haben wollen?

Viele Menschen gehen heute sehr leichtfertig mit dem Begriff „Liebe" um und verringern so den Respekt, den wir vor diesem Gefühl haben sollten. Jeder liebt jeden, Stars lieben ihre Fans, Autoren ihre Leser und selbst Sechsjährige lieben schon Justin Bieber. Doch steckt hinter all dem nicht immer die Forderung, etwas zu bekommen, was uns selbst fehlt? Wir lieben unseren Partner, solange er uns das Gefühl vermittelt, das wir brauchen. Er schafft einen Ausgleich unseres Mangels. Und kann er das nicht mehr, entlieben wir uns wieder.

Doch bedingungslose Liebe ist ein Geben. Und treffen sich zwei Menschen, die sich beide Liebe geben, entsteht eine unendlich große, beeindruckende Energie, die in direkter Verbindung zu Gott steht. So lieben zu können, ist ein wahres Geschenk im Leben und erfordert, dass wir uns selbst lieben lernen. Denn nur wenn wir uns selbst lieben, können wir aus dieser Fülle Liebe geben.

Doch wie lernen wir uns selbst zu lieben? In seiner Rede zu seinem 70. Geburtstag fand Charlie Chaplin sehr treffende Worte, die uns allen als Anleitung dienen können:

Als ich mich selbst zu lieben begann, habe ich verstanden, dass ich immer und bei jeder Gelegenheit zur richtigen Zeit am richtigen Ort bin und dass alles, was geschieht, richtig ist - von da an konnte ich ruhig sein. Heute weiß ich: Das nennt man VERTRAUEN.

Als ich mich selbst zu lieben begann,
konnte ich erkennen, dass emotionaler Schmerz und Leid nur Warnungen für mich sind, gegen meine eigene Wahrheit zu leben. Heute weiß ich: Das nennt man AUTHENTISCH SEIN.

Als ich mich selbst zu lieben begann, habe ich aufgehört, mich nach einem anderen Leben zu sehnen, und konnte sehen, dass alles um mich herum eine Aufforderung zum Wachsen war. Heute weiß ich, das nennt man REIFE.

Als ich mich selbst zu lieben begann, habe ich aufgehört, mich meiner freien Zeit zu berauben,und ich habe aufgehört, weiter grandiose Projekte für die Zukunft zu entwerfen. Heute mache ich nur das, was mir Spaß und Freude macht, was ich liebe und was mein Herz zum Lachen bringt, auf meine eigene Art und Weise und in meinem Tempo. Heute weiß ich, das nennt man EHRLICHKEIT.

Als ich mich selbst zu lieben begann, habe ich mich von allem befreit, was nicht gesund für mich war, von Speisen, Menschen, Dingen, Situationen und von Allem, das mich immer wieder hinunterzog, weg von mir selbst. Anfangs nannte ich das »Gesunden Egoismus«, aber heute weiß ich, das ist SELBSTLIEBE.

Als ich mich selbst zu lieben begann, habe ich aufgehört, immer recht haben zu wollen, so habe ich mich weniger geirrt. Heute habe ich erkannt: das nennt man DEMUT.

Als ich mich selbst zu lieben begann, habe ich mich geweigert, weiter in der Vergangenheit zu leben und mich um meine Zukunft zu sorgen. Jetzt lebe ich nur noch in diesem Augenblick, wo ALLES stattfindet, so lebe ich heute jeden Tag und nenne es BEWUSSTHEIT.

Als ich mich zu lieben begann, da erkannte ich, dass mich mein Denken armselig und krank machen kann. Als ich jedoch meine Herzenskräfte anforderte, bekam der Verstand einen wichtigen Partner. Diese

Verbindung nenne ich heute HERZENSWEISHEIT.

Wir brauchen uns nicht weiter vor Auseinandersetzungen, Konflikten und Problemen mit uns selbst und anderen zu fürchten; denn sogar Sterne knallen manchmal aufeinander, und es entstehen neue Welten. Heute weiß ich: DAS IST DAS LEBEN!

Dieser Rede gilt es meines Erachtens nach nichts hinzuzufügen. Haben wir diesen Zustand erreicht und lieben uns selbst, sind wir auch bereit, anderen die bedingungslose Liebe zu geben, die das Labyrinth von Chartres meint und die sich im Vater unser wiederfindet. Wir sollten diese Worte, sobald wir in der Mitte der Blüte angekommen sind, Absatz für Absatz genau so durcharbeiten wie das Labyrinth selbst und werden dabei feststellen, dass vieles schon erreicht ist.

In diesem Sinne wünsche ich Dir viel Freude und Erfolg bei Deinem Gang durch das Labyrinth von Chartres und dem sechsblättrige Blütenblatt.

Weitere Informationen zur Autorin:

www.petra-liermann.de

Buchempfehlung:

Verlag: Franzius Verlag
ISBN-13: 978-3960501183